FORMULAIRE GÉNÉRAL

DES

Actes de l'Etat civil

ADOPTÉ PAR LA

COMMISSION DE L'ÉTAT CIVIL

Instituée au Ministère de la Justice

Arrêtés en date des 17 juillet et 25 novembre 1911)

BESANÇON
LA SOLIDARITÉ, IMPRIMERIE COOPÉRATIVE
6 et 8, Rue Gambetta, 6 et 8
—
1913

FORMULAIRE GÉNÉRAL

DES

Actes de l'Etat civil

ADOPTÉ PAR LA

COMMISSION DE L'ÉTAT CIVIL

Instituée au Ministère de la Justice

(Arrêtés en date des 17 juillet et 25 novembre 1911)

BESANÇON

LA SOLIDARITÉ, IMPRIMERIE COOPÉRATIVE

6 et 8, Rue Gambetta, 6 et 8

1913

FORMULAIRE GÉNÉRAL

DES

ACTES DE L'ÉTAT CIVIL

Adopté par la Commission de l'Etat civil

Instituée au Ministère de la Justice

(Arrêtés en date des 17 juillet et 25 novembre 1911)

CHAPITRE PREMIER

DISPOSITIONS COMMUNES A TOUS LES ACTES DE L'ÉTAT CIVIL

A. — Pour tous les actes compris dans le présent formulaire, la Commission a rédigé des formules types où, en principe, pour la commodité de la démonstration, les parties fixes sont reproduites en lettres grasses et les parties variables sont écrites en caractères romain. Tous les noms et prénoms employés par la Commission sont de fantaisie : tantôt ce sont des noms patronymiques banaux, tantôt des noms de localité pris au hasard dans le dictionnaire des communes et pouvant passer pour des noms patronymiques.

B. — La Commission n'a pu prévoir toutes les hypothèses : elles sont innombrables, surtout pour l'acte de mariage.

La Commission était composée de :

MM. BRUMAN, conseiller d'Etat, *président.*
BOUXIN, chef de bureau des mairies à la Préfecture de la Seine.
CORMERAY, sous-directeur au Ministère de la justice.
DECENCIÈRE, secrétaire de la mairie de Bois-Colombes, président de l'Union nationale des secrétaires et employés de mairie.
DUBUCQUOY, secrétaire chef des bureaux de la mairie du IIe arrondissement de Paris.
FRITSCH-LANG, rédacteur au Ministère de la Justice.
GARCEMENT, greffier de l'état civil au tribunal de la Seine.
GRANDJEAN, substitut du procureur de la République à Paris.
JAYOT, inspecteur des services administratifs et financiers à la Préfecture de la Seine.
LÉVY, sténographe du Sénat, secrétaire de la Commission, chargé du rapport.

Elle a simplement arrêté des formules pour les cas les plus usuels ; les maires trouveront avantage à ne s'en écarter qu'en cas ne nécessité absolue, après en avoir référé au parquet.

C. — La Commission s'est demandé si les prénoms et noms des officiers de l'état civil devaient être nécessairement mentionnés. En effet, si l'on excepte les actes de mariage, cette mention offre un inconvénient indéniable : lorsque meurt un maire ou un adjoint chargé de l'état civil, il n'est pas rare que les registres contiennent des actes non signés de lui et portant néanmoins son nom dans le corps de l'acte. Dans les deux premiers tiers du siècle dernier, plusieurs mairies parisiennes libellaient ainsi leurs actes de naissance et de décès : « Par-devant Nous, adjoint au maire, officier de l'état civil du ...ᵉ arrondissement de Paris ».

La Commission n'a pas cru que ce précédent lui permettait de transgresser les dispositions impératives de l'article 54 du Code civil, mais elle a décidé qu'à l'exception des actes de mariage le nom du maire figurerait à la fin de l'acte, pour permettre de ne l'énoncer qu'au moment où sa signature serait apposée.

D. — En ce qui concerne les *professions*, la Commission a décidé :

1° Que pour les enfants âgés de moins de treize ans la mention « sans profession » est superflue ;

2° Que, lorsque le mari et la femme exercent la même profession (domestiques, concierges, ouvriers ou employés dans la même maison ou dans des maisons similaires), il suffit d'énoncer une seule fois cette profession, avec le signe du pluriel, après la désignation des deux époux ;

3° Qu'*aucune profession* ne doit être indiquée pour les personnes *déjà décédées*, si ce n'est, dans l'acte de décès, pour celui qui vient de mourir. L'observation s'applique surtout aux parents et grands-parents.

E — En ce qui concerne le domicile, aucun domicile ne doit être indiqué pour les personnes déjà décédées, sauf la restriction indiquée ci-dessus pour la profession.

F. — En ce qui concerne l'âge, il doit, en principe, être indiqué par les mots : « ... ans ». Toutefois, dans les hypothèses qui seront énumérées plus loin, la formule sera : « né à... le... ».

G. — En ce qui concerne les prénoms, ils doivent précéder et non suivre le nom patronymique (articles 34, 57, 63, 71, 76, etc., du Code civil). Il ne devra y avoir de trait d'union entre deux prénoms que s'ils forment par leur réunion un prénom unique. Exemple : Jean-Baptiste, Marie-Louise, mais non Edouard-Edmond, à moins que telle n'ait été la volonté formelle du déclarant lors de la confection de l'acte de naissance.

H. — L'indication des divisions géographiques (département, arrondissement et canton), relatives à la commune où l'acte est reçu devra être portée *une fois pour toutes* en tête du registre. Il est inutile de la reproduire dans le corps de chaque acte ; on la portera sur chaque expédition, en tête et à gauche de la première feuille, que la délivrance en soit faite à la mairie ou au greffe du tribunal.

I. — La Légion d'honneur et la Médaille militaire devront, à l'exclusion de toute autre décoration, être indiquées obligatoirement pour toute personne nommée dans un acte de l'état civil : officier de l'état civil, partie, déclarant ou témoin.

CHAPITRE II

DÉSIGNATION DE L'OFFICIER DE L'ÉTAT CIVIL

A Paris, la formule est invariable, les adjoints ayant, comme le maire, qualité personnelle d'officier de l'état civil. Hors Paris, la formule variera suivant les cas.

A. — MAIRE

Nous, Adrien Chennevières, maire de Saint-Lubin-de-Cravant...

B. — ADJOINT

Délégation du maire

1° **Nous**, Adrien Chennevières, adjoint au maire de Limoges, officier de l'état civil par délégation,...

Maire absent ou empêché

2° **Nous**, Adrien Chennevières, premier adjoint au maire de Limoges, officier de l'état civil en l'absence (*ou* par empêchement) du maire....

Second adjoint

3° **Nous**, Adrien Chennevières, deuxième adjoint au maire de Limoges, officier de l'état civil en l'absence du maire et par empêchement du premier adjoint..

Adjoint spécial (art. 75 de la loi du 5 avril 1884)

4° **Nous**, Adrien Chennevières, adjoint spécial au maire de Châteaumont pour la section de La Fourche,...

C. — DÉLÉGUÉ PROVISOIRE

(Art. 44 de la loi municipale de 1884)

Nous, Adrien Chennevières, président de la délégation provisoire, officier de l'état civil de la commune de Revercourt,...

D. — CONSEILLER MUNICIPAL

Délégation du maire

Nous, Adrien Chennevières, conseiller municipal de La Seyne-sur-Mer, officier de l'état civil par délégation du maire et en l'absence (*ou* par empêchement) de l' (*ou* des) adjoint(s),..

Délégation du préfet

Nous, Adrien Chennevières, conseiller municipal de La Seyne-sur-Mer, officier de l'état civil par délégation du préfet,...

E. — AGENTS DIPLOMATIQUES OU CONSULAIRES

Nous (*prénoms et noms*) { ambassadeur / ministre / consul / vice-consul } de France à... officier de l'état civil...

Dans cette hypothèse, les mots « en notre maison commune » seront remplacés par « en la chancellerie de notre poste » pour la célébration des mariages.

La Commission se réfère aux Ministres compétents (Guerre et Marine) pour la désignation des officiers de l'état civil prévus aux articles 59, 86, 87 et 93 du Code civil, lesdits articles visant des cas exceptionnels.

Dans toutes les formules qui suivront on supposera que l'officier de l'état civil est le maire de la commune.

CHAPITRE III

ACTES DE NAISSANCE

Pour l'acte de naissance des enfants légitimes, la Commission a adopté la formule suivante :

A

MAIRIE
DE
SAINT-LÉONARD-DES-BOIS
—
Canton
de Fresnay-sur-Sarthe
Arrondissement de Mamers
Département de la Sarthe

Le vingt-neuf juin **mil neuf cent** treize, onze **heures du** soir, **est né** à la ferme de Féougoux Jean-Jacques-André, **du sexe** masculin, **de** Louis Paul Bonnard. trente **ans,** cultivateur, **et de** Augustine Carré, vingt-deux **ans,** sans profession, son épouse, **domiciliés** à la ferme de Féougoux. en cette commune. **Dressé par Nous**. le premier juillet **mil neuf cent** treize, dix **heures du** matin, **sur présentation de l'enfant et déclaration faite** par le père ..

ou

. à défaut du père, par
Pierre André Mathieu. quarante-trois **ans**, docteur en médecine, **demeurant** à la Poôté (Mayenne).

ou

Eulalie Boivin, trente-neuf **ans**, sage-femme, **demeurant** à la Poôté (Mayenne),

ou

Nicolas Auguste Perrot. trente-trois **ans**, maréchal-ferrant, **demeurant** à Saint-Léonard-des-Bois,

ayant assisté à l'accouchement.

ou

Louise Mathurine Aubry. veuve Clément, soixante **ans**, sans profession, **demeurant** à Saint-Léonard-des-Bois, au domicile de laquelle l'accouchement a eu lieu.

En présence de Charles Nicolas Louis Fournier, cordonnier, **demeurant à** Saint-Léonard-des-Bois, **et de** François Michel Lecomte, aubergiste, **demeurant à** la Poôté. **qui, lecture faite, ont signé avec le déclarant et Nous,** Victor Alfred Duval, **maire de Saint Léonard-des-Bois.**

OBSERVATIONS

1° Pour éviter les confusions qui se produisent fréquemment entre la date de la réception de l'acte et celle de la naissance de l'enfant, il a été décidé que cette dernière figurerait obligatoirement en tête de l'acte, la date de la réception devant être reportée dans le corps de la formule.

2° La date du mariage des parents ne doit pas être indiquée dans l'acte de naissance de l'enfant. Cette énonciation, qui d'ailleurs n'est pas prescrite par le Code civil, est de nature à préjudicier aux intéressés lorsque la naissance ne suit la célébration du mariage que de quelques mois ou lorsqu'il s'agit d'enfants légitimés, la date du mariage ne pouvant alors être ajoutée dans les expéditions que par suite de la mention marginale.

3° Il est inutile de dire que l'enfant est né *en cette commune*, puisque l'acte de naissance ne peut être reçu, sauf à être transcrit ailleurs ultérieurement dans certains cas, que dans la commune où la naissance a eu lieu. Il suffit d'indiquer la rue, le numéro, le hameau, le lieudit, la ferme, etc. Il est, au contraire, nécessaire d'indiquer, le cas échéant, que les parents sont domiciliés *en cette commune*, le domicile des parents ne se confondant pas nécessairement avec le lieu de naissance de l'enfant.

4° Par exception à la règle générale de l'article 34 du Code civil, l'article 57 permet de ne pas indiquer l'âge des témoins dans l'acte de naissance.

5° Les mots « *premier jumeau* », « *deuxième jumeau* », doivent être placés, s'il y a lieu, après les mots : **du sexe** *masculin* (ou *féminin*). Un acte de naissance distinct doit être dressé pour chaque jumeau.

6° Lorsque la naissance de l'enfant est postérieure à la mort de son père, la formule est ainsi modifiée :

... **du sexe** masculin, fils posthume **de** Louis Paul Bonnard, décédé le six mai mil neuf cent treize, à Sillé-le-Guillaume, **et de** Augustine Carré, vingt-deux **ans**, sans profession, sa veuve, **domiciliée à** la ferme de Féougoux, en cette commune. **Dressé par Nous, le** premier juillet **mil neuf cent** treize, **sur présentation de l'enfant et déclaration faite par**...

Il n'y a pas lieu, dans ce cas, d'ajouter : « *à défaut du père* ».

B

Si l'enfant naturel est reconnu dans son acte de naissance par le père qui fait la déclaration, il faudra :

1° Mentionner, s'il y a lieu, le domicile du père et, plus loin, le domicile — différent — de la mère ;

2° Mettre, après l'indication de la profession et du domicile du père, les mots « qui déclare le reconnaître ».

3° Supprimer les mots « son épouse ».

C

Si l'enfant naturel n'est pas reconnu par son père, la formule est :

... **de** Augustine Carré *etc...*

Les mots « *et de père non dénommé* » sont inutiles, l'énonciation du nom de la mère seule suffit pour établir que le père naturel ne s'est pas fait connaître.

Dans ce cas, les mots « *à défaut du père* » doivent être supprimés après « *déclaration fai e* ».

Il est bien entendu que l'indication du nom de la mère dans l'acte de naissance, lorsqu'elle n'émane pas du père, n'équivaut pas à une reconnaissance faite par la mère, et l'officier de l'état civil doit avertir le déclarant de l'utilité d'une reconnaissance ultérieure par celle-ci.

D

Si l'enfant a été reconnu par son père dans l'acte de naissance sans que la mère soit désignée, la formule sera :

... **de** Louis-Paul Bonnard, trente **ans**, cultivateur, **domicilié** à la ferme de Féougoux, en cette commune, qui déclare le reconnaître. **Dressé par Nous,** *etc.*

E

Si les déclarants de la naissance n'indiquent ni le père, ni la mère de l'enfant, la formule sera :

... **de** père et de mère non dénommés...

F

Si les parents de l'enfant l'ont reconnu antérieurement à la naissance, la formule est :

... **de**.., **et de**... lesquels l'ont reconnu le *(date)*.

en cette mairie..
   ou
à la mairie de la commune de X... **Dressé par Nous,** *etc.*
   ou
par devant Mᵉ Z..., notaire à W...

2

Observation. — En ce qui concerne l'indication de l'âge des parents qui reconnaissent l'enfant dans son acte de naissance, on trouvera dans le chapitre ci-après des explications.

G

Il est impossible de donner une formule unique pouvant s'appliquer à toutes les hypothèses où un enfant trouvé est déclaré à l'officier de l'état civil ; la Commission s'est bornée à arrêter une formule conforme aux prescriptions de l'article 58 du Code civil et susceptible d'être employée dans le cas le plus fréquent :

Le douze novembre **mil neuf cent** treize, une **heure** du soir, Jean Paul Béringuier, trente-cinq **ans**, puisatier, **demeurant 29**, rue Mission-de-France, à Marseille, **Nous a présenté un enfant du sexe** masculin, **paraissant âgé de** deux mois environ, **qu'il nous déclare avoir trouvé** aujourd'hui, cinq **heures du** matin, sous le porche de l'immeuble n° 66, rue des Dominicaines.

(Description de l'enfant, de ses vêtements, énumération de toutes les circonstances de nature à permettre ultérieurement son identification.)

Nous avons donné à cet enfant les prénoms de Frédéric Octave **et le nom de** Miret **et l'avons remis** ce jour même à **M. le commissaire de police de...** *etc.*

Dont procès-verbal dressé en présence de Pierre Jules Carcaniero, trente-quatre **ans**, marchand de coquillages, 12, quai Rive-Neuve, à Marseille, **et** Paul Auguste Bastieri, cinquante-deux **ans**, cordonnier, 26, rue Farjon, à Marseille, **qui, lecture faite, ont signé avec le déclarant et Nous**, Clovis Albert Desjoncherets, maire de Marseille.

(Signatures.)

CHAPITRE IV

RECONNAISSANCES D'ENFANTS NATURELS

1

Formule de reconnaissance postérieure à la naissance de l'enfant :

MAIRIE
DU
VIe ARRONDISSEMENT
DE PARIS

Le vingt-cinq juin **mil neuf cent** treize, quatre **heures du** soir, Louise Durand, née à Clamart (Seine), le trois mai mil huit cent quatre-vingt-neuf, brocheuse, **demeurant à** Paris, 55, quai des Grands-Augustins, **Nous a déclaré reconnaître pour son fils un enfant né** à Corancy (Nièvre), le douze décembre mil néuf cent onze **insorit le** même jour **sur les registres de ladité commune sous les noms de** Jacques Lucien, fils de Louise Durand.

En présence de... et de..., lesquels, lecture faite, ont signé avec la **déclarante et Nous,** Pierre Roux, adjoint au maire du VIe arrondissement de Paris.

OBSERVATIONS

A. — Il a paru nécessaire d'indiquer d'une façon précise le lieu et la date de sa naissance de la personne qui reconnaît un enfant naturel. Souvent cet enfant, devenu majeur, n'a pour retrouver ses parents que les indications de l'acte de reconnaissance. Le père ou la mère qui reconnaît formellement son enfant n'a pas l'intention de lui dissimuler son état civil véritable ; il importe de préciser.

Pour la même raison, les dates et lieux de naissance des parents qui reconnaissent leur enfant devront être indiqués lorsque la reconnaissance sera comprise dans l'acte de naissance.

B. — Il est inutile de mentionner le sexe de l'enfant déjà indiqué dans l'acte de naissance.

C. — La même formule peut encore servir lorsque la reconnaissance est faite simultanément par le père et par la mère.

Elle peut également servir lorsque l'enfant reconnu par sa mère depuis l'inscription de l'acte de naissance, vient à être reconnu plus tard par son père, ou inversement.

D. — Une reconnaissance d'enfant naturel peut être faite devant n'importe quel officier de l'état civil, quel que soit le lieu de naissance de l'enfant ou le domicile du père ou de la mère.

E. — Il importe de mentionner à la fois la date de la naissance et celle de l'inscription de cette naissance sur les registres de l'état civil, ces deux dates pouvant être éloignées l'une de l'autre lorsque la naissance a été constatée par un jugement.

F. — Lorsque la reconnaissance est faite en vertu d'une procuration (art. 36 du Code civil), la formule sera :

Le vingt-cinq juin **mil neuf cent** treize, quatre **heures du** soir, Stanislas-André Berthier, trente-cinq **ans,** épicier, **demeu-**

rant à Paris, 8, rue de Savoie, agissant en vertu d'une procuration spéciale et authentique, **Nous a déclaré** que Louise Durand, née à Clamart (Seine), le trois mai mil huit cent quatre-vingt-neuf, brocheuse, demeurant à Paris, 55, quai des Grands-Augustins, **reconnaît pour son fils un enfant né à** .. *etc. (la suite comme ci-dessus).*

G. — Il peut n'être dressé qu'un seul acte pour la reconnaissance simultanée de plusieurs enfants naturels par les mêmes parents.

2

Formules de reconnaissances antérieures à la naissance de l'enfant :

A. **Le** vingt-cinq juin *(comme dans la formule précédente)* Louise Durand, *etc.*, **Nous a déclaré** reconnaître pour son ou ses enfants le ou les enfants dont elle se déclare actuellement enceinte. **En présence de,** *etc.*

B. **Le** vingt-cinq juin, *etc...*, **du** soir, Jules Benoit, né à Paris (XVIII\u1d49 arrondissement), le sept octobre mil huit cent quatre-vingt-deux, typographe, demeurant à Paris, 17, rue de Nevers, et Louise Durand, *etc.*, **Nous ont déclaré** reconnaître dès à présent pour leur ou leurs enfants le ou les enfants dont Louise Durand déclare être actuellement enceinte. **En présence de,** *etc.*

C. **Le** vingt-cinq juin, *etc.*, **du** soir, Jules Benoit, *etc.*, **Nous a déclaré** reconnaître dès à présent pour son ou ses enfants le ou les enfants dont il affirme que Louise Durand, brocheuse, *etc.*, quai des Grands-Augustins, est actuellement enceinte. **En présence de,** *etc.*

3

Formule de l'acte de reconnaissance d'un enfant dont l'acte de naissance n'a jamais été dressé :

... a déclaré reconnaître pour son fils (*ou* sa fille) un enfant dont l'acte de naissance n'a pas été dressé, né à .. le .. et désigné jusqu'ici sous les prénoms et nom de... **En présence de,** *etc.*

Un jugement devra ultérieurement tenir lieu d'acte de naissance de l'enfant.

CHAPITRE V

ACTES DE DÉCÈS

COMMUNE DE MONTALBA

—

Arrondissement de Céret
Pyrénées-Orientales

Le quatorze mars **mil neuf cent** treize, six **heures du** matin, Pierre Armand Théodore Lefèvre,

né à Perpignan (Pyrénées-Orientales), le dix février mil huit cent quarante-cinq,

ou

âgé de soixante-huit ans,
métayer, fils

de Pierre Jacques Lefèvre, décédé, et de Marie-Jeanne Dupont, sa veuve, sans profession, domiciliée à Arles-sur-Tech,

ou

de père et mère dont les noms ne nous sont pas connus,
célibataire,

ou

époux de Rosalie Cordier,

ou

veuf de Rosalie Cordier,

ou

divorcé de Rosalie Cordier,

ou

marié, le nom de l'épouse ne nous étant pas connu,

ou

divorcé *ou* **veuf, le nom de l'épouse ne nous étant pas connu,**

est décédé en son domicile, lieu dit le Mas-Pagris,

ou

domicilié à Arles-sur-Tech (Pyrénées-Orientales), **est décédé** au lieu dit le Mas-Pagris.

Dressé le quinze mars **mil neuf cent** treize, deux **heures du** soir, **sur la déclaration** de Pierre Henri Lefèbre, vingt-huit **ans,** ouvrier agricole, domicilié en cette commune, fils du défunt, **et de** Jean-Marie François Legrand, trente-six **ans,** cultivateur, domicilié en cette commune, voisin du défunt, **qui, lecture faite, ont signé avec Nous,** Léon-Charles Roussel, maire **de** Montalba.

OBSERVATIONS

A. — Pour la raison indiquée en ce qui concerne les actes de naissance, il convient que la date qui commence l'acte soit celle du décès et non celle de la réception. La confusion entre ces deux dates ne pouvant avoir qu'une importance minime quand il s'agit d'un enfant mort-né la date de la présentation a été laissée en tête de l'acte qui le concerne.

B. — Il est inutile de dire que le décès a eu lieu *en cette commune*, puisque l'acte de décès ne peut être reçu, sauf à être transcrit ailleurs ultérieurement dans certains cas, que dans la commune où le décès s'est produit ou est présumé s'être produit. Il suffit d'indiquer la rue, le numéro, le hameau, le lieudit, la ferme, etc. Il en est ainsi même dans le cas des articles 81 et 82 du Code civil (mort violente); l'acte de décès ne doit alors différer en rien d'un acte ordinaire et il doit, avant tout, être inscrit à la mairie du lieu du décès; le procès-verbal visé à l'article 82 ne doit pas être substitué à l'acte de décès normal.

Il est, au contraire, nécessaire d'indiquer, le cas échéant, que le décédé était domicilié *en cette commune*, le lieu du décès étant très souvent différent du domicile du défunt.

C. — L'article 79 du Code civil, faisant exception à la règle générale de l'article 34, énumère limitativement les mentions de l'acte de décès.

D. — Le lieu et la date de naissance du décédé devront être indiqués, chaque fois qu'ils seront connus des déclarants, avec le maximum de précision, de façon à ce que toute confusion soit évitée.

E. — Si le décédé est un enfant naturel, le nom de la mère indiqué dans l'acte de naissance devra figurer dans l'acte de décès, même si elle ne l'a pas reconnu.

F. — L'indication « célibataire » est inutile si la personne décédée est une fille âgée de moins de quinze ans ou un garçon âgé de moins de dix-huit ans.

G. — Si les déclarants ne sont ni parents, ni voisins du décédé (par exemple pour le décès dans les hôpitaux) aucune mention superflue ne devra suivre leurs noms, telles que : « ... *qui a dit être non parent ni voisin du défunt* » ou « *qui a dit être informé du décès* ».

H. — Lorsque le défunt a été plusieurs fois marié, le nom

de ses épouses successives doit être signalé, s'il est connu des déclarants : « *Veuf en premières noces de...*, *époux en secondes noces de...* » (art, 79 du Code civil).

I. — Il est inutile de signaler la date du ou des mariages du défunt.

J. — Si l'identité du défunt n'a pas été établie (1), la formule sera :

Le quatorze mars **mil neuf cent** treize, six **heures du** matin.

un { individu / *ou* / enfant } **du sexe** masculin. dont l'identité n'a pu être établie, **est décédé** au lieu dit le Mas-Pagris. Le signalement est le suivant :

(Âge approximatif, taille, couleur des cheveux et de la barbe, description détaillée du corps et des vêtements, énumération de toutes les circonstances de nature à permettre ultérieurement l'identification.)

Dressé, le quinze mars **mil neuf cent** treize, *etc.*

K. — Si la date du décès n'a pu être établie (2), la formule sera :

Le quinze mars **mil neuf cent** treize, deux **heures du** soir,

Nous avons constaté le décès d'un { individu / *ou* / enfant } **du sexe** masculin, dont l'identité n'a pu être établie et dont la mort paraît remonter à quatre jours. Le signalement est le suivant :

(Mêmes énonciations que dans le cas précédent, en précisant le lieu, le jour, l'heure et les circonstances dans lesquelles le cadavre a été trouvé.)

Dressé sur la déclaration de Pierre Henri Lefèvre, *etc.*

---

(1) Il s'agit, par exemple, d'un blessé trouvé sur la voie publique, transporté à l'hôpital et mort sans avoir repris connaissance, ou de personnes mortes, soit dans l'incendie d'un théâtre d'un grand magasin, d'un local où se tenait une réunion publique, etc., soit dans un accident de chemin de fer, un naufrage, une catastrophe quelconque, et dont les cadavres ne sont pas reconnus.

(2) Il s'agit, par exemple, d'un homme dont le cadavre est retiré de l'eau et paraît y avoir séjourné plusieurs jours. Dans ce cas, le lieu du décès est lui-même ignoré et l'acte est dressé dans la commune où le cadavre a été trouvé.

FORMULE D'ACTE DE PRÉSENTATION D'UN ENFANT MORT-NÉ

COMMUNE DE MONTALBA

Arrondissement de Céret
Pyrénées-Orientales

Le quinze mars **mil neuf cent** treize, deux **heures du** soir, Pierre Henri Lefèvre, vingt-huit **ans,** ouvrier agricole, domicilié en cette commune, et Jean-Marie François Legrand, trente-six **ans,** cultivateur, domicilié en cette commune, **Nous ont présenté un enfant sans vie, du sexe** masculin,

dont est accouchée au lieu dit le Mas-Pagris, le quatorze mars mil neuf cent treize, six heures et demie du soir, Marie-Jeanne Dupont, vingt-cinq ans, sans profession, épouse de Pierre Jacques Lefèvre, vingt-neuf ans, métayer, domiciliés en cette commune, lieu dit le Mas-Pagris ;

ou

dont la mère non dénommée est accouchée au lieu dit le Mas-Pagris, le quatorze mars mil neuf cent treize, six heures et demie du soir ;

lesquels déclarants ont, lecture faite, signé avec Nous, Léon Charles Roussel, maire de Montalba.

OBSERVATION. — Dans cet acte, qui doit être porté sur le registre des décès et non celui des naissances, les mots *né* et *naissance* doivent être évités.

CHAPITRE VI

ACTES DE PUBLICATION DE MARIAGE

COMMUNE DE MELUN

Département
de Seine-et-Marne

Publication de mariage entre : Jean-Louis Dubois, mécanicien, domicilié à Paris (V° arrondissement), rue de la Pitié, 8, et résidant à Melun, 16, rue Saint-Aspais, fils majeur de Joseph Dubois, décédé, et de Louise-Caroline Prévôt, sans profession, domiciliée à Paris (V° arrondissement), 8, rue de la Pitié, **et** Marguerite Jacquet, lingère, domiciliée et résidant à Melun, 21, rue Carnot, fille mineure de Désirée Jacquet, blanchisseuse, domiciliée à Melun, 21, rue Carnot.

Dressé et affiché à la porte de la mairie, le huit juillet **mil neuf cent** treize, neuf **heures du** matin, **par Nous,** Jacques Henri Renaud, maire de Melun.

(Signature du maire.)

OBSERVATIONS

1° Si l'un des futurs époux est un enfant naturel non reconnu par son père aucune mention spéciale n'attirera l'attention sur sa situation juridique ; il sera désigné comme fils ou fille de..., le nom de la mère venant ensuite.

2° S'il n'est reconnu ni par père, ni par mère, et que le nom de la mère ne soit pas désigné dans l'acte de naissance, au lieu de « fils majeur de... », on mettra « majeur ».

3° Si c'est un pupille de l'Assistance publique, cette particularité ne devra pas être mentionnée dans l'acte de publication.

4° Si c'est un enfant légitime, les mots de « son épouse » ne devront pas suivre le nom de sa mère.

5° Les futurs époux seront indiqués comme majeurs ou mineurs. Ni leurs âges, ni, à plus forte raison, ceux de leurs parents ne devront être mentionnés dans la publication.

6° Pour chacun des futurs époux, le domicile et la résidence seront indiqués. Si les deux lieux se confondent, on mettra « domicilié et résidant à... ».

7° Il ne doit pas être fait mention, dans la publication, des précédents mariages des futurs conjoints dissous par le veuvage ou le divorce (art. 63 du Code civil).

8° Le jour de la semaine où est faite la publication est indifférent, il est inutile de le mentionner : il suffit que l'affiche reste apposée dix jours, y compris deux dimanches.

9° L'affiche de publication doit toujours être signée de l'officier de l'état civil. Elle doit être placée dans un lieu très apparent et, autant que possible, elle doit pouvoir être vue même des personnes qui n'entrent pas dans la mairie.

10° Copie de l'affiche doit être faite, en termes identiques, sur le registre des publications, sans addition de quoi que ce soit, avant ni après.

11° Lorsque l'affiche est sur papier libre, il y a lieu de

mettre, à la place ordinaire du timbre, la mention « Loi du 10 décembre 1850 » et non pas « Mariage entre indigents ».

CHAPITRE VII

ACTES DE MARIAGE

La Commission a pris pour établir la formule type de l'acte de mariage le cas le plus simple, celui où les futurs époux ont l'un et l'autre plus de trente ans, et où, depuis la loi du 21 juin 1907, le consentement des ascendants n'est plus nécessaire ; dans ce même cas, le père ou la mère de chacun des futurs époux peuvent être témoins, mais le père et la mère ne peuvent être témoins ensemble.

C'est surtout pour l'acte de mariage qu'il existe dans les communes de France une grande diversité de formules ; la longueur peut en varier du simple au double, suivant que l'officier de l'état civil tient à être concis ou qu'il craint d'omettre des énonciations se rattachant directement ou indirectement au but de l'acte qu'il rédige.

La Commission a pensé qu'il était de son devoir d'éliminer les énonciations superflues.

Plus l'acte de mariage est long, plus il risque de contenir d'erreurs et de nécessiter des suppressions, additions, modifications et renvois ; en outre, plus il est long, moins sa vérification est facile. Elle a donc décidé de considérer comme limitative, sauf les cas exceptionnels, la liste des énonciations de l'acte de mariage qui figure à l'article 76 du Code civil.

Elle a arrêté ainsi qu'il suit la formule :

COMMUNE DE CLAIROIX

—

Arrondissement de Compiègne
Département de l'Oise

Le trente et un mai **mil neuf cent** treize, quatre **heures du** soir, **devant Nous,** Paul Frédéric Millat, maire de Clairoix, **ont comparu publiquement en la maison commune :**

Jean Léon Lucien Baugy, garde forestier de l'Etat, **né à** Varengeville-sur-Mer (Seine-Inférieure), **le** douze juillet mil huit cent soixante-quinze, demeurant à Compiègne, 3, rue Hurtebise, **fils** majeur de Ferdinand Baugy et de Claire Bourreuilles, son épouse, tous deux décédés, **d'une part ; Et** Juliette Léonie Péri-

net, sans profession, **née à** Clairoix, **le** cinq octobre mil huit
cent soixante-seize, demeurant à Clairoix, villa des Lilas, **fille**
majeure de Jérôme Périnet, employé de l'octroi de Compiègne,
et de Fanny Rose Brunet, son épouse, sans profession, domiciliés
à Clairoix, villa des Lilas, **d'autre part. Les futurs époux déclarent qu'**il n'a pas été fait de contrat de mariage.

**Aucune opposition n'ayant été faite, les contractants ont
déclaré l'un après l'autre vouloir se prendre pour époux et
nous avons prononcé, au nom de la loi, que** Jean-Léon-
Lucien Baugy et Juliette Léonie Périnet **sont unis par le
mariage.**

Dont acte, en présence de Fernand Louis Jugand, trente-
cinq ans, garde forestier, 16, rue des Lombards, à Compiègne ;
Camille Rosalie Bret, quarante ans, sans profession, à Varengeville-sur-Mer (Seine-Inférieure), cousine de l'époux ; Justin Périnet, trente-trois ans, employé à la sous-préfecture de Compiègne,
villa des Lilas, à Clairoix, frère de l'épouse ; Adolphe André
Périnet, trente ans, chauffeur mécanicien, 60 *bis*, avenue des
Ternes, à Paris, frère de l'épouse.

**Lecture faite, les époux et les témoins ont signé avec
nous.**

(Signatures.)

OBSERVATIONS

A. — C'est intentionnellement qu'il n'est point parlé dans
cet acte de la lecture faite aux époux de certains articles du
Code civil. Cette lecture doit être faite, d'après l'article 75 du
Code civil, mais l'article 76 ne prescrit pas que mention de
la lecture doit être portée dans l'acte.

B. — Il en est de même de la lecture des pièces relatives
à l'état des époux. Actuellement, dans un grand nombre de
départements, on peut lire aux actes de mariage la formule
suivante :

« Les actes préliminaires produits par les époux sont : »
Ces mots et toute la liste qui suit pourront être supprimés
sans inconvénient ; il suffira que les pièces soient jointes
aux registres des mariages, lors de l'envoi annuel au greffe
du double qui doit y être déposé, auquel on devra annexer
un simple relevé sur papier libre des pièces non produites,
sous cette forme :

INDICATION DES PIÈCES NON ANNEXÉES DONT LES ORIGINAUX
EXISTENT DANS LES ARCHIVES DE NOTRE COMMUNE

1° Naissance de l'époux... 12 juillet 1875.

2° Transcription du jugement de divorce de l'époux...
5 mai 1912.

3° Décès du premier mari de l'épouse... 26 avril 1910.

C. — Il est inutile d'indiquer le lieu et la date du décès des père et mère.

D. — L'article 76, 3°, apporte une exception à la règle générale de l'article 34 et dispense d'énoncer l'âge des père et mère.

E. — L'âge des époux doit toujours être indiqué par la formule « **né à... le...** » et non « **... ans** ». Cette précision n'est pas nécessaire en ce qui concerne l'âge des témoins.

F. — Si les père et mère de l'un des futurs époux ont même domicile, on indiquera ce domicile commun par la formule « **domiciliés à...** » et non **domiciliés** *ensemble* **à...** ». Il ne devra point être indiqué que le futur époux ou la future épouse demeure « *avec ses père et mère...* ».

G. — La loi du 21 juin 1907, modifiant l'article 76 du Code civil, a décidé que l'acte de mariage ne mentionnerait plus la publication préalable.

G *bis*. — Par voie de conséquence, il n'y a pas lieu de mentionner, dans l'acte de mariage, la dispense de publication et de tout délai prévue par l'article 169 du Code civil, la comparaison entre le registre des publications et le registre des mariages suffira, la dispense accordée par le procureur de la République étant jointe au dossier du mariage.

H. — Lorsque les futurs époux ont plus de trente ans, rien dans la rédaction de l'acte de mariage ne devra indiquer la présence et le consentement de leurs pères et mères.
Lorsqu'ils ont plus de vingt et un ans, il n'y aura jamais lieu d'indiquer quels sont leurs grands-parents.

I. — Il n'y aura lieu de mentionner la situation militaire du futur époux que si celui-ci, soit comme officier, soit comme sous-officier, soldat ou marin en activité de service, doit produire l'autorisation de ses supérieurs hiérarchiques à son mariage.

J. — Il est inutile d'énoncer dans l'acte de mariage que les pièces produites ont été paraphées par le maire et les parties intéressées.

K. — Lorsque les témoins ne sont ni parents, ni alliés des parties, les indications *ami de l'époux* ou *voisin de l'époux* sont inutiles.

FORMULE DE CONSENTEMENT AU MARIAGE DONNÉE DEVANT L'OFFICIER DE L'ÉTAT CIVIL PAR L'ASCENDANT QUI NE PEUT ASSISTER A LA CÉLÉBRATION.

Le *(date)*..., **heures du** ..., **devant Nous**... *(désignation de l'officier de l'état civil)* X... *(ou* X... *et* Y... : *quand le consentement est donné simultanément par le père et la mère)* **Nous** a (ont) **déclaré consentir au mariage que** Z. ., son (leur) fils, (fille, petit-fils, petite-fille), **se propose de contracter avec** W...

En présence de *(désignation des deux témoins)*.

Et Nous avons signé, après lecture, avec l... **déclarant**... **et les témoins.**

(Signatures.)

OBSERVATIONS

I. — Les personnes désignées dans l'acte ci-dessus doivent être indiquées par leurs prénoms, noms, âges, professions et domiciles.

II. — Depuis la loi du 12 août 1902, modifiant la loi du 25 ventôse an XI, les notaires qui reçoivent de tels consentements peuvent le faire sans l'assistance d'un notaire en second ou de témoins. Par conséquent, la présence de témoins ne sera pas nécessaire lorsque l'officier de l'état civil n'aura aucun doute sur l'identité du ou des déclarants.

ACTE DE MARIAGE

FORMULE POUR DIVERS CAS SPÉCIAUX

XVIII⁰ ARRONDISSEMENT
DE PARIS

Le trente et un mai **mil neuf cent** treize, quatre **heures du** soir,. .

Mariage à la mairie

devant Nous, Paul Frédéric Millat, adjoint au maire du XVIII⁰ arrondissement de Paris, **ont comparu publiquement à la maison commune...**

Mariage à domicile

Nous, Paul Frédéric Millat, adjoint au maire du XVIII° arrondissement de Paris, nous sommes transporté au n° 15 de la rue Lepic, sur le vu d'un certificat de M. Galici, docteur en médecine, pour procéder au mariage de Jean Léon Lucien Baugy, etc. *(profession, âge, domicile, résidence et filiation du futur époux),* et de... *(énonciations relatives à la future épouse).* Nous avons alors fait ouvrir les portes de la maison en vue de célébrer publiquement ledit mariage. **Les futurs époux déclarent qu'**il n'a pas été fait de contrat de mariage, etc...

Reprise de l'acte de mariage célébré à la mairie

...Jean Léon Lucien Baugy, commis libraire, **né** à Varengeville-sur-Mer (Seine-Inférieure), **le** douze juillet mil huit cent quatre-vingt-dix,

Ajouter, lorsque l'acte de naissance n'a pas été produit :

...ainsi qu'il résulte d'un acte de notoriété.

Dispense d'âge :

...autorisé par décret accordant dispense d'âge...

Résidence et domicile confondus.	domicilié et résidant 15, rue Lepic, à Paris, XVIII° arrondissement,
Résidence différant du domicile.	domicilié à Varengeville-sur-Mer et résidant, 15, rue Lepic, à Paris, XVIII° arrondissement,

fils majeur/ineur **de...**

A

Le futur époux est un enfant légitime ; les père et mère sont tous deux en état de manifester leur consentement

1° Parents présents et consentants.

...Ferdinand Baugy, cultivateur, **et de** Louise Amélie Geoffroy, son épouse, sans profession, domiciliés à Varengeville-sur-Mer, présents et consentants...

2° Parents consentants mais non présents.

...Ferdinand Baugy, etc. *(comme ci-dessus),* domiciliés à Varengeville-sur-Mer, consentants par acte authentique...

3° Le futur époux a moins de 21 ans ; le père consent au mariage, non la mère (art. 148, Code civil.

. .Ferdinand Baugy, cultivateur, domicilié à Varengeville-sur-Mer, présent et consentant, **et de** Louise Amélie Geoffroy, son épouse, sans profession, également domiciliée à Varengeville-sur-Mer, à laquelle notification a été faite par Mᵉ Dollon, notaire audit lieu... •

(Voir explication 3 ci-dessous.)

4° Le futur époux a plus de 21 ans et moins de 30 ans. Les parents ne consentent point au mariage.

...Ferdinand Baugy, cultivateur, **et de** Louise Amélie Geoffroy, son épouse, sans profession, domiciliée à Varengeville-sur-Mer, auxquels notification a été faite par Mᵉ Dollon, notaire audit lieu, le vingt-deux avril mil neuf cent treize...

5° Le futur époux a moins de 21 ans, ses parents sont divorcés, le divorce a été prononcé au profit de la mère, à laquelle a été confiée la garde des enfants. La mère consent au mariage. non le père (art. 152, alinéa 1ᵉʳ).

...Ferdinand Baugy. cultivateur. demeurant à Varengeville-sur-Mer, auquel notification a été faite par Mᵉ Dollon, notaire audit lieu, **et de** Louise Amélie Geoffroy, son épouse, sans profession, demeurant à Saint-Martin-de-Valamas (Ardèche), présente et consentante. .

6° Le futur époux est mineur, les parents sont divorcés, le tribunal a autorisé le mariage (art. 152, alinéa 2).

...Ferdinand Baugy, cultivateur, demeurant à Varengeville-sur-Mer, **et de** Louise Amélie Geoffroy, son épouse, sans profession, demeurant à Saint-Martin-de-Valamas (Ardèche), autorisé par jugement du tribunal civil de Dieppe en date du premier mai mil neuf cent treize...

B

Le futur époux est un enfant légitime ; le père seul ou la mère seule peut manifester son consentement

7° Père décédé.

...Ferdinand Baugy, décédé, **et de** Louise Amélie Geoffroy, sa veuve, sans profession, demeurant à Varengeville-sur-Mer, présente et consentante...

8° Père aliéné.

. .Ferdinand Baugy, sans profession, domicilié à Villejuif (Seine), dans l'impossibilité de manifester son consentement, **et de** Louise Amélie Geoffroy, son épouse, sans profession, demeurant 12, boulevard Thiers, à Montreuil (Seine), présente et consentante...

C

9° Les quatre grands-parents sont présents et consentants.

...Ferdinand Baugy **et de** Louise Amélie Geoffroy, son épouse,
tous deux décédés, petit-fils, du côté paternel, de Joseph Baugy,
sans profession, **et de** Mathilde Point, son épouse, sans profession, domiciliés à Varengeville-sur-Mer, **et,** du côté maternel, de
Félicien Godin, meunier, **et de** Félicie-Euphrasie Orradoux, son
épouse, sans profession, domiciliés à Margon (Eure-et-Loire),
tous quatre présents et consentants ..

10° Les grands-parents paternels sont décédés ; le grand-
père maternel consent au mariage, non la grand'mère.

...Ferdinand Baugy **et de** Louise Amélie Geoffroy, son épouse,
tous deux décédés, sans autre ascendant survivant que Félicien
Godin, aïeul maternel, meunier, domicilié à Margon (Eure-et-
Loir), présent et consentant, **et** Félicie Euphrasie Orradoux, son
épouse, sans profession, également domiciliée à Margon, à laquelle
notification a été faite par Mᵉ Dollon, notaire audit lieu...

11° Il ne reste plus qu'un ascendant dans chaque ligne, il
y a dissentiment entre eux.

.. Ferdinand Baugy **et de** Louise Amélie Geoffroy, son épouse,
tous deux décédés, sans autre ascendant survivant que Joseph
Baugy, aïeul paternel, sans profession, demeurant à Varengeville-sur-Mer, auquel notification a été faite par Mᵉ Dollon, notaire
audit lieu, **et** Félicie Euphrasie Orradoux, veuve Godin, aïeule
maternelle, sans profession, domiciliée à Margon (Eure-et-Loir),
présente et consentante ..

D

12°.

...Ferdinand Baugy, **et de** Louise Amélie Geoffroy, son épouse,
tous deux décédés, autorisé par délibération du conseil de famille
prise à Dieppe, en date du sept avril mil neuf cent treize...

E

Le futur époux est un enfant naturel

13° Il a été reconnu par son père et par sa mère, qui consentent au mariage.

...Ferdinand Baugy, *etc. (la formule est la même que la formule 1°; les mots « son épouse » étant supprimés)...*

14° Il a moins de 21 ans ; celui de ses père et mère qui a sur lui l'exercice de la puissance paternelle consent au mariage, non l'autre (art. 383, alinéa 1er, du Code civil).

...Ferdinand Baugy, *etc. (la formule est la même que les formules 3° et 5° les mots « son épouse » étant supprimés)...*

15° Il n'a été reconnu que par sa mère.

...Louise Amélie Baugy. journalière, domiciliée à Varengeville-sur-Mer, présente et consentante...

16° Il n'a été reconnu que par son père et la mère n'est pas désignée dans l'acte de naissance.

...Ferdinand Baugy, cultivateur, domicilié à Varengeville-sur-Mer, présent et consentant...

17° Il a plus de 21 ans et il n'a pas été reconnu.

...père et mère non dénommés...

18° Il a plus de 21 ans, n'a pas été reconnu, le nom de sa mère figure dans son acte de naissance.

...Louise Amélie Baugy, journalière, domiciliée à Varengeville-sur-Mer...

19° Il a moins de 21 ans et n'a point été reconnu (art. 159 et 389 du Code civil), ou, s'il a été reconnu, ses parents sont décédés.

*(indiquer la filiation comme aux n°ˢ 13, 15, 16, 17 ou 18 ci-dessus et ajouter :)...*autorisé par jugement du tribunal civil de la Seine, en date du sept avril mil neuf cent treize...

20° Il a moins de 21 ans, il est pupille de l'Assistance publique (art. 13 de la loi du 27 juin 1904).

(indiquer la filiation comme ci-dessus et ajouter :) .. autorisé, en date du sept avril mil neuf cent treize, par le conseil de famille de l'Assistance publique des Alpes-Maritimes...

I

**Le futur époux a plus de 21 ans et moins de 30 ans. Il ignore le lieu
du décès ou du dernier domicile de ses père et mère**

(Article 155 du Code civil)

21° Il y a un jugement déclarant l'absence des parents.

...Ferdinand Baugy, cultivateur, et de Louise Amélie Geoffroy,
son épouse, sans profession, absents, déclarés tels par un jugement du tribunal civil de Dieppe, en date du vingt-six avril mil
neuf cent treize...

22° Il y a un jugement ordonnant l'enquête sur l'absence des parents

...Ferdinand Baugy, cultivateur, et de Louise Amélie Geoffroy,
son épouse, sans profession, absents, ainsi qu'il résulte d'un jugement du tribunal civil de Dieppe, en date du vingt-six avril mil
neuf cent treize, qui a ordonné l'enquête...

23° Il y a un acte de notoriété.

...Ferdinand Baugy... *(comme ci-dessus)* ...sans profession,
absents, ainsi qu'il résulte d'un acte de notoriété dressé le vingt-
six avril mil neuf cent treize, par le juge d'Offranville (Seine-
Inférieure)...

24° Le décès des père et mère est attesté par les grands-parents.

...Ferdinand Baugy et de Louise Amélie Geoffroy, son épouse,
petit-fils, du côté paternel, de Mariette Point, veuve Baugy, sans
profession, domiciliée à Varengeville-sur-Mer (Seine-Inférieure),
et, du côté maternel, de Félicie Euphrasie Orradoux, veuve Godin, sans profession, domiciliée à Margon (Eure-et-Loir), lesquelles
nous ont attesté le décès des père et mère...

25° Serment du futur époux.

...Ferdinand Baugy et de Louise Amélie Geoffroy, son épouse,
lequel a déclaré sous serment que le lieu du décès et celui du
dernier domicile de ses père et mère lui sont inconnus...

Suite de l'acte de mariage

...veuf de Rosalie Cordier ..

ou

..veuf, en premières noces, de Rosalie Cordier, et, en secondes noces, de Juliette Jeanne Louise Aubenizel .

ou

...divorcé de Rosalie Cordier...

Le futur époux est soldat ou sous-officier.

...autorisé, en date du sept avril mil neuf cent treize, par décision du conseil d'administration de son

régiment...
corps...

Il est officier.

...autorisé, en date du sept avril mil neuf cent treize, par

le général commandant le XIe corps d'armée...
le Ministre de la Guerre...
le Ministre de la Marine...

...d'une part...
Et... *(énonciations relatives à la future épouse)*
...d'autre part...

Dispense de parenté ou d'alliance. (Oncle, nièce. — Tante, neveu. — Beau-frère, belle-sœur.)

...Les futurs époux sont autorisés par décret accordant dispense

de parenté...
d'alliance...

Erreur orthographique ou omission avis du Conseil d'Etat du 30 mars 1808).

A. Les père et mère du futur époux attestent qu'on doit attribuer à

une omission
ou
une erreur

le fait que

le prénom de Marius ne figure pas à l'acte de naissance du futur époux dans la désignation de son père, alors qu'il figure à l'acte de naissance de ce dernier...

ou

le nom de Baugy a été orthographié Beaugy dans l'acte de naissance du futur époux alors qu'il est régulièrement orthographié Baugy dans celui de son père...

B. Les père et mère du futur époux attestent dans l'acte de consentement ci-annexé qu'on doit attribuer, *etc. (le reste comme ci-dessus).*

C. Il résulte du procès-verbal du conseil de famille ayant autorisé au mariage le futur époux qu'on doit attribuer, *etc. (le reste comme ci-dessus).*

D. Les quatre témoins attestent sous serment que l'on doit attribuer à une erreur le fait que, dans l'acte de naissance du futur époux, son père est

nommé Beaugy *au lieu de* Baugy.
prénommé Fernand *au lieu de* Ferdinand.
dénommé Fernand Beaugy *au lieu de* Ferdinand Baugy.

E. La mère du futur époux *(pour les mineurs)*
ou
Les futurs époux et les quatre témoins
(pour les majeurs)

atteste(nt) sous

serment qu'on doit attribuer à une ⎰ omission / ou / erreur ⎱ le fait que,
dans l'acte de décès du père du futur époux, *etc*.

L'un des futurs époux est mineur ou tous deux sont mineurs.

...**Les futurs époux,** ainsi que les personnes qui autorisent le mariage, **déclarent**...

Pas de contrat de mariage	...**qu'**il n'a pas été fait de contrat de mariage...
Contrat de mariage	...**qu'**un contrat de mariage a été reçu le seize avril mil neuf cent treize, par Me Dollon, notaire à Offranville...
Il y a eu une opposition : l'opposant en a donné mainlevée amiable	...Mainlevée de l'opposition à Nous signifiée le deux avril mil neuf cent treize a été donnée par acte en date du huit avril mil neuf cent treize, signifié le dix avril mil neuf cent treize...
Jugement ou arrêt de mainlevée d'opposition	...Mainlevée de l'opposition à Nous signifiée le deux avril mil neuf cent treize a été donnée par jugement du tribunal civil de la Seine, en date du trente avril mil neuf cent treize... *ou* par arrêt de la cour d'appel de Paris, en date du dix mai mil neuf cent treize... signifié le quinze mai mil neuf cent treize...
Il n'y a pas eu d'opposition	...Aucune opposition n'ayant été faite...

les contractants ont déclaré l'un après l'autre vouloir se prendre pour époux et nous avons prononcé, au nom de la loi, que Jean Léon Lucien Baugy **et** Juliette Léonie Périnet **sont unis par le mariage.**

Légitimation d'un enfant naturel.

Les époux ont déclaré reconnaître, en vue de la légitimation, Jules André (Juliette Andrée), né(e) à Louveciennes (Seine-et-Oise), le dix-huit novembre mil neuf cent sept et enregistré(e) le dix neuf du même mois, en la mairie de cette commune, comme fils (fille) de Juliette-Léonie Périnet.
Dont acte en présence de *(désignation des quatre témoins).*
Lecture faite, les époux...

Si les époux ont moins de 30 ans.

...leurs pères et mères... **et les témoins ont signé avec Nous...**

Ces formules demandent quelques explications :

1° Lorsque la publication a été affichée pendant dix jours, il n'est pas besoin d'une autorisation spéciale du parquet pour célébrer le mariage à domicile ; un certificat médical constatant que l'un des futurs époux est dans l'impossibilité de se déplacer suffit.

2° Lorsque l'un des ascendants consent au mariage mais n'est pas présent à la célébration, il n'est pas nécessaire d'indiquer dans l'acte si le consentement a été rédigé par un notaire ou par un officier de l'état civil, ni à quelle date. Il suffit de joindre au dossier du mariage le consentement reçu en brevet. L'expression « consentant par acte authentique » s'applique aussi bien si le consentement a été reçu par un officier de l'état civil que s'il l'a été par un notaire.

3° Si le refus de consentement de l'un des ascendants a nécessité une notification par notaire, l'indication de la date de cette notification n'est nécessaire dans l'acte de mariage que si le futur époux a plus de 21 ans, à cause du délai de 30 jours prévu à l'article 151 *in fine*.

4° Lorsque l'un des ascendants est dans l'impossibilité de manifester son consentement, il est inutile de signaler dans l'acte de mariage la cause de cette impossibilité ; il suffira de joindre le certificat médical au dossier du mariage.

5° Lorsqu'un enfant légitime se marie avec le consentement du conseil de famille, il est inutile d'énumérer les grands-parents et de dire qu'ils sont décédés, puisque cette double énonciation se trouve nécessairement dans la délibération du conseil de famille jointe au dossier du mariage.

6° Il est inutile d'indiquer que le futur époux est célibataire, lorsqu'il résulte de l'acte de mariage qu'il n'est ni veuf, ni divorcé. Lorsqu'il est divorcé, la pièce qu'il doit fournir à l'officier de l'état civil qui célèbrera son second mariage est la copie de la transcription du jugement de divorce sur le registre des mariages et non pas l'acte de son premier mariage mentionnant en marge cette transcription.

7° L'avis du Conseil d'État du 30 mars 1808 sur les omissions ou erreurs orthographiques ne s'applique qu'à l'acte de mariage et non à l'acte de publication.

8° Tant dans la publication que dans l'acte de mariage, il ne doit pas être parlé de *domicile de droit* et de *domicile de fait*. Le domicile peut ne pas coïncider avec la résidence, mais, d'après l'article 102 du Code civil, tout français ne peut avoir qu'un seul domicile.

9° Lorsque la légitimation d'un enfant naturel se fait dans l'acte de célébration d'un mariage, elle doit être placée après le prononcé de l'union et les père et mère doivent être alors appelés **les époux** et non les **futurs époux**.

La formule indiquée pour la légitimation est applicable même si l'enfant a été reconnu ou par son père ou par sa mère depuis la rédaction de son acte de naissance.

Elle est encore applicable même si l'enfant est un enfant adultérin exceptionnellement légitimable aux termes de la loi du 7 novembre 1907, la validité de la légitimation résultant des pièces annexées au dossier du mariage.

CHAPITRE VIII

TRANSCRIPTIONS

Les transcriptions sur les registres de l'état civil se rapportent soit à des actes de l'état civil déjà reçus ailleurs, soit à des oppositions aux mariages ou à des mainlevées desdites oppositions, soit à des jugements.

1ʳᵉ CATÉGORIE. — Transcription d'un acte de mariage célébré à l'étranger (art. 171 du Code civil) :

Le douze avril **mil neuf cent** treize. Paul, *etc.* (*prénoms, nom, âge, profession et domicile*) ...**Nous a requis de transcrire l'acte de mariage suivant :**

(*Suit la transcription.*)

Transcrit le jour susdit, onze **heures du** matin **par Nous,** Armand Colas, **maire de** Longchaumois.

(*Signature.*)

La même formule sera employée lorsque la transcription d'un acte de naissance ou de décès sera faite à la requête d'une personne intéressée.

Elle sera encore employée lorsque l'acte à transcrire à la requête de la personne intéressée n'est pas un acte de l'état civil déjà reçu ailleurs. (Ex. : transcription d'un acte notarié d'acceptation d'adoption testamentaire, Villejuif [Seine], le 27 décembre 1906.)

Si la transcription d'un acte de décès a lieu conformément aux prescriptions de l'article 80 du Code civil, la formule sera :

(Transcription de l'acte de décès.)

L'acte de décès ci-dessus a été transcrit le douze avril **mil neuf cent** treize, onze **heures du** matin, **par Nous,** *etc.*

OBSERVATION. — La transcription des actes de naissance, mariage ou décès devra être précédée de l'énumération des indications géographiques relatives à la commune où l'acte a été primitivement reçu.

2ᵉ CATÉGORIE. — D'après l'article 67 du Code civil. la transcription des oppositions au mariage sur le registre des publications doit être réduite à une mention sommaire : la formule sera donc :

MAIRIE DE NANTERRE
—
Canton de Puteaux
Département de la Seine

Opposition formée au mariage de Claude Lùcien Levaillé **et de** Simone Juliette Laurent **par** Louis François Laurent, cinquante-sept ans, sellier, demeurant 63, boulevard du Midi. à Nanterre, père de ladite Simone Juliette Laurent, **Nous a été signifiée** aujourd'hui premier février **mil neuf cent** treize **et inscrite par Nous,** Jean-Jérôme Bourgogne, maire de Nanterre.

(Signature du maire.)

OBSERVATION. — Il est inutile de reproduire les prénoms, noms, professions, domiciles et résidences des futurs époux, non plus que leurs qualités de majeurs ou de mineurs, ces renseignements se trouvant déjà dans l'acte de publication, en marge duquel devra être portée en référence à l'inscription de l'acte d'opposition.

La transcription de mainlevée d'opposition sera. elle aussi, à plus forte raison, réduite à une mention sommaire. Si la mainlevée est amiable, la formule sera :

L'opposition formée au mariage de Claude Lucien Levaillé **et de** Simone Juliette Laurent **par** Louis François Laurent **a été levée par acte en date du** neuf février **mil neuf cent** treize **lequel nous a été signifié** aujourd'hui onze février **mil neuf cent** treize **et a été inscrit par Nous,** Jean Jérôme Bourgogne, maire de Nanterre.

(Signature du maire.)

Si la mainlevée est judiciaire, la formule sera :

L'opposition formée au mariage de Claude-Lucien Levaillé **et de** Simone-Juliette Laurent **par** Louis-François Laurent **a été levée par** jugement du tribunal civil de la Seine (arrêt de la cour d'appel de Paris) **en date du** vingt-huit février **mil neuf cent** treize, **lequel Nous a été signifié,** *etc.*

3ᵉ Catégorie — Transcription de jugements ou d'arrêts.
Il y a lieu de distinguer quatre cas différents.

A. — Jugements ou arrêts de divorce :

COMMUNE DE SAINT-AGRÈVE
—

Arrondissement
de Tournon

Département de l'Ardèche

Vu la signification à Nous faite, le onze juin mil neuf cent treize : **1°** **de la grosse d'un** jugement (arrêt) **de divorce rendu par** le tribunal civil d'Alais (la Cour d'appel de Nîmes), **à la date du** vingt et un mars **mil neuf cent** treize, **entre les époux** Jean-Louis Gengoux **et** Elisabeth Léontine Carles, **mariés** le vingt-huit juin **mil** huit cent quatre-vingt-dix-sept, **et 2° des certificats exigés par l'article 252 du Code civil, Nous avons dudit** jugement (arrêt) **extrait ce qui suit :**
Par ces motifs, *etc...*

(Transcription).

Transcrit le seize juin **mil neuf cent** treize, cinq **heures du** soir, **par Nous,** Sébastien Pouchin, maire de Saint-Agrève.

(Signature.)

Observation. — La transcription ne doit porter que sur le dispositif du jugement, encore ne doit on transcrire que le prononcé du divorce et non les parties du dispositif concernant la liquidation du régime matrimonial, la garde des enfants, la pension alimentaire et les dépens du procès. La disposition relative à la garde des enfants ne doit pas être transcrite, malgré l'intérêt qu'elle présente pour l'officier de l'état civil en raison de l'article 152 du Code civil, parce qu'elle n'a qu'un caractère provisoire et que souvent elle est modifiée par un jugement ultérieur.

B. — Pour tous les autres jugements et arrêts susceptibles d'être transcrits sur les registres de l'état civil, et, pour cette raison, signifiés à l'officier de l'état civil, la copie doit être intégrale et non pas réduite au dispositif, la prescription de l'article 252 faisant exception au droit commun.

FORMULE DE TRANSCRIPTION D'UN ARRÊT D'ADOPTION

Vu la réquisition à Nous faite, le onze juin **mil neuf cent** treize, **par** Paul, *etc. (prénoms, nom, âge, profession et domicile)*, **Nous avons intégralement transcrit l'arrêt suivant :**

(Copie intégrale de l'arrêt.)

Transcrit le douze juin **mil neuf cent** treize, cinq **heures du** soir, **par Nous,** Sébastien Pouchin, maire de Saint-Agrève.

(Signature.)

OBSERVATION. — Le requérant peut être l'adoptant ou l'adopté (art. 359, al 1er, du Code civil).

C. — Transcription d'un jugement ou d'un arrêt rectificatif d'acte de l'état civil. (Art. 99 à 101 du Code civil, loi du 8 juin 1893.)

Vu la grosse à Nous remise le onze juin **mil neuf cent** treize,
Nous avons intégralement transcrit le jugement (l'arrêt) **rectificatif suivant :**

(Copie intégrale du jugement ou de l'arrêt.

Transcrit le douze juin **mil neuf cent** treize, cinq **heures du** soir, **par Nous,** Sébastien Pouchin, maire de Saint-Agrève.

(Signature.)

D. — Transcription de tout autre jugement ou arrêt relatif à l'état des personnes. (Ex. : jugement déclaratif d'une naissance ou d'un décès, jugement en reconstitution d'un acte de l'état civil [art. 46 Code civil], nullité de mariage, contestation ou réclamation de filiation légitime, désaveu de paternité, recherche de paternité ou de maternité naturelle, annulation d'une reconnaissance frauduleuse ou entachée d'adultérinité, etc.) La loi est muette en ce qui concerne la transcription de ces jugements, mais toujours leur dispositif ordonne la transcription sur les registres de l'état civil de telle ou telle commune, souvent même de plusieurs communes, avec mentions en marge consécutives, s'il y a lieu.

Vu la signification à Nous faite le onze juin **mil neuf cent** treize, **Nous avons intégralement transcrit** le jugement (l'arrêt) **suivant :**

(Copie intégrale du jugement ou de l'arrêt.)

Transcrit le douze juin **mil neuf cent** treize, cinq **heures du** soir, **par Nous,** Sébastien Pouchin. maire de Saint-Agrève.

(Signature.)

CHAPITRE IX

MENTIONS EN MARGE

A. — Mention du mariage en marge de l'acte de naissance.

Marié (e) à   **le**   **avec**
Le   **mil neuf cent** treize.

> Le maire (Le greffier),
> (*Signature*.)

B. — Mention en marge de l'acte de naissance, d'une légitimation.

Légitimé (e) par le mariage de   **et**   **de**
célébré à   **le**
Le   **mil neuf cent** treize.

> Le maire (Le greffier),
> (*Signature*.)

C. — Mention d'une reconnaissance d'enfant naturel résultant d'une déclaration faite devant un officier de l'état civil.

Reconnu (e) le   **à**   **par**
Le   **mil neuf cent** treize.

> Le maire (Le greffier),
> (*Signature*.)

D. — Mention d'une reconnaissance résultant du consentement du parent naturel au mariage de son enfant.

Reconnu dans son acte de mariage le   **à**   **par**
Le   **mil neuf cent** treize.

> Le maire (Le greffier),
> (*Signature*.)

E. — Mention d'une reconnaissance reçue par un notaire.

Reconnu (e) le   **par**   **, suivant acte reçu par**
M^e X ., notaire à
Le   **mil neuf cent** treize.

> Le maire (Le greffier),
> (*Signature*.)

OBSERVATION. — Cette formule suppose que la reconnaissance notariée signifiée à l'officier de l'état civil n'a pas été

transcrite par lui avant d'être mentionnée en marge de l'acte
de naissance de l'enfant.

F. — Mention de reconnaissance de paternité ou de maternité naturelle résultant d'un jugement.

Reconnu (e) par . **en vertu d'un** jugement (arrêt),
rendu le , **par** le tribunal civil (la Cour d'appel) **de**
et transcrit le
Le **mil neuf cent** treize.

> Le maire (Le greffier),
> (*Signature.*)

G. — Mention d'une opposition à mariage en marge de la
publication.

Opposition inscrite le
Le **mil neuf cent** treize.

> Le maire (Le greffier),
> (*Signature.*)

OBSERVATION. — Cette mention ne sera faite sur le registre
unique des publications par le greffier que si le registre a
été remis au greffe entre la publication et l'opposition.

H. — Mention de la mainlevée, judiciaire ou amiable,
d'une opposition à mariage : 1° en marge de la transcription
de ladite opposition ; 2° en marge de la publication sous la
mention de l'opposition :

Mainlevée de l'opposition ci dessus (*ou* ci-contre) **inscrite**
le
Le **mil neuf cent** treize.

Même observation.

I. — Mention de divorce en marge d'un acte de mariage.

Mariage dissous par jugement (arrêt) **de divorce rendu**
le **par** le tribunal civil (la Cour d'appel) **de** **et**
transcrit le
Le **mil neuf cent** treize.

> Le maire (Le greffier),
> (*Signature.*)

J. — Mention d'annulation d'un mariage.

Mariage annulé par jugement (arrêt) **rendu le** (*la suite*
comme ci-dessus).

K. — Mention d'adoption en marge de l'acte de naissance de l'enfant adopté.

Adopté (e) par , **en vertu d'un arrêt rendu le** ,
par la Cour d'appel de **et transcrit le** ;
à
Le **mil neuf cent** treize.

Le maire (Le greffier).
(*Signature.*)

OBSERVATION. — Il ne faut pas oublier que, d'après l'article 359 du Code civil, c'est au lieu du domicile de l'adoptant que se fait la transcription de l'arrêt d'adoption, alors que c'est en marge de l'acte de naissance de l'adopté que se fait la mention.

L. — Mention de la transcription d'un jugement rectificatif d'état civil en marge de l'acte rectifié.

Rectifié par jugement du tribunal civil (arrêt de la Cour d'appel) **de** , **en date du** , **transcrit le** ,
en ce sens que
Le **mil neuf cent** treize.

Le maire (Le greffier),
(*Signature.*)

OBSERVATION. — Cette formule est applicable au désaveu de paternité.

M. — Mention de l'annulation d'une reconnaissance en marge de l'acte de reconnaissance.
La même formule doit être employée lorsque la reconnaissance est concomitante à l'acte de naissance.

Reconnaissance annulée par jugement du tribunal civil (arrêt de la Cour d'appel) **de** , **en date du** , **transcrit le**
Le **mil neuf cent** treize.

(Le maire (Le greffier),
(*Signature.*)

N. — Mention d'annulation d'une autre mention.

La mention ci dessus a été bâtonnée en exécution d'un jugement (arrêt) **rendu le** , **par** le tribunal civil (la Cour d'appel) **de** **et transcrit le**
Le **mil neuf cent** treize.

Le maire (Le greffier),
(*Signature.*)

OBSERVATION. — Cette mention peut résulter soit d'un jugement annulant une reconnaissance d'enfant naturel (art. 339, Code civil), soit d'un jugement constatant qu'une mention a été apposée par erreur en marge d'un acte qu'elle ne concernait pas.

O. — Mention de changement de nom.

Autorisé à porter dorénavant le nom de Lafenestre-Girard par jugement homologuant un décret présidentiel, transcrit sur les registres de cette mairie le seize avril **mil neuf cent** treize.

Le maire (Le greffier),
(Signature.)

P. — Mention de réconciliation en cas de séparation de corps en marge de l'acte de mariage (art. 311, Code civil).

Les époux dont le mariage est constaté par l'acte ci-contre, après avoir été séparés de corps, se sont réconciliés par acte passé devant M⁻ X..., notaire à , le
Le mil neuf cent treize.

Le maire (Le greffier),
(Signature.)

Q. — Mention sommaire d'intercalation indiquant la place d'un acte omis et établi par jugement.

N° 105 bis. — Laure-Emilie Carpel, née le trente octobre mil neuf cent trois. (**Voir acte n° 26 du trois mars mil neuf cent** treize.)
Le , **mil neuf cent** treize.

Le maire (Le greffier),
(Signature.)

CHAPITRE X

DÉFAUT DE SIGNATURE

Application de l'article 39 du Code civil. — Justification des causes de défaut de signature de l'une des parties à un acte quelconque de l'état civil.

Si l'acte est un acte de mariage, la formule sera, par exemple.

Lecture faite, les époux et les témoins ont signé avec Nous, à l'exception { de l'époux..... { qui a déclaré
{ de Fernand Louis Jugant (1) {
ne { savoir signer
{ pouvoir signer pour cause d'infirmité.

---

(1) L'un des témoins.

Si l'acte est l'un de ceux où la signature du maire se trouve à la fin, la formule sera légèrement différente. Supposons un acte de naissance où le déclarant dit ne savoir signer ; la fin sera ainsi rédigée :

...**En présence de** (*les deux témoins*) **qui, lecture faite, ont signé avec Nous** Victor, *etc.*, maire de , le **déclarant ne sachant signer.**

(*Signatures du maire et des deux témoins.*

CHAPITRE XI

CLÔTURE DES REGISTRES

Les registres de l'état civil doivent être clos le 31 décembre et non le 1" janvier. Il est inutile d'ajouter « à minuit », ce qui est invraisemblable. La clôture doit avoir lieu après le dernier acte et non à la dernière page du registre.

Il y a lieu de distinguer trois hypothèses :

A. — Celle, la plus fréquente, où la commune possède quatre registres séparés : naissances, décès, mariages et publications de mariage ;

B. — Celle où la commune n'a qu'un seul registre pour les mariages et les décès ;

C. — Celle où, en raison de la très grande importance de la ville, il faut pour une seule année plusieurs registres destinés à recevoir des actes de même espèce.

FORMULE A

Registre contenant neuf cent vingt et un **actes de** naissances et reconnaissances, **clos et arrêté le trente et un décembre mil neuf cent** treize.

Le Maire, X...

Il est inutile de faire dans le procès-verbal de clôture le décompte des diverses espèces d'actes compris dans un même registre, comme dans l'exemple ci-dessous :

...contenant cent cinquante-sept actes, savoir :
Actes de mariages, cent quarante et un, ci.................. 141
Transcrip- | de jugements de divorces, treize, ci 13
tions | de mariages célébrés à l'étranger, deux, ci.. 2
| de jugement rectificatif, un, ci... 1
Total................. 157

Un chiffre global suffit.

Formule B

Registre co tenant dix-sept **actes de naissances et reconnaissances,** neuf **actes de mariages et transcriptions de divorces.** et quinze **actes de décès.** clos et arrêté le trente et un décembre mil neuf cent treize.

Le maire, X...

Ici la division des actes en trois groupes est nécessaire, parce que les tables annuelles et décennales sont elles-mêmes divisées en trois.

Formule C

Registre formant la troisième partie de l'exercice courant et comprenant deux cent soixante-douze **actes de décès, du numéro** cinq cent quarante-quatre **au numéro** huit cent quinze inclus, **clos et arrêté le** dix-sept août **mil neuf cent** treize.

Le maire du II⁰ arrondissement de Paris, X...

La clôture du registre en cours d'année à la suite d'un jugement ordonnant le déplacement et la communication au tribunal est tombée en désuétude depuis que les juges ont pris l'habitude de faire photographier la page du registre qui donne lieu au procès.